NOUVELLE LOI

SUR LE

TRAVAIL DES ENFANTS

ET DES FILLES MINEURES

DANS LES

MANUFACTURES, USINES, ATELIERS & CHANTIERS

———

LOI DU 19 MAI 1874 & DÉCRET DU 22 MAI 1875

———

SAINT-DIÉ

TYPOGRAPHIE & LITHOGRAPHIE L. HUMBERT

—

1878

DÉPARTEMENT d...

COMMUNE d...

Livret Nᵒ

Nom

Prénoms

Sexe

Date de naissance

Lieu de naissance

Domicile

Délivré sur la demande d

de l'enfant.

Le Maire soussigné certifie que le titulaire du présent

Livret a suivi l'école primaire de

depuis le   jusqu'à

A   , le   187

LE MAIRE,

Nous, Maire de la commune d

arrondissement d

département de   *certifions en*

exécution de la loi du 19 mai 1874 et du décret du 22

mai 1875, sur le travail des enfants et des filles mi-

neures, qu'il résulte du registre de l'état civil de la

commune d

que l   nommé

est né dans la susdite commune, le

En foi de quoi nous avons délivré le présent certificat.

A   , le   187

Le Maire,

LOI DU 19 MAI 1874

L'Assemblée nationale a adopté la loi dont la teneur suit :

SECTION Iʳᵉ

Age d'admission. — Durée du travail.

Article 1ᵉʳ. Les enfants et les filles mineures ne peuvent être employés à un travail industriel, dans les manufactures, fabriques, usines, mines, chantiers et ateliers, que sous les conditions déterminées dans la présente loi.

2. Les enfants ne pourront être employés par des patrons ni être admis dans les manufactures, usines, ateliers ou chantiers avant l'âge de douze ans révolus.

Ils pourront être toutefois employés à l'âge de dix ans révolus dans les industries spécialement déterminées par un règlement d'administration publique rendu sur l'avis conforme de la commission supérieure ci-dessous instituée.

3. Les enfants, jusqu'à l'âge de douze ans révolus, ne pourront être assujettis à une durée de travail de plus de six heures par jour, divisée par un repos.

A partir de douze ans, il ne pourront être employés plus de douze heures par jour, divisées par des repos.

SECTION II.

Travail de nuit, des dimanches et jours fériés.

4. Les enfants ne pourront être employés à aucun travail de nuit jusqu'à l'âge de seize ans révolus.

La même interdiction est appliquée à l'emploi des filles mineures de seize à vingt et un ans, mais seulement dans les usines et manufactures.

Tout travail entre neuf heures du soir et cinq heures du matin est considéré comme travail de nuit.

Toutefois, en cas de chômage résultant d'une interruption accidentelle et de force majeure, l'interdiction ci-dessus pourra être temporairement levée, et pour un délai déterminé, par la commission locale ou l'inspecteur ci-dessous institués, sans que l'on puisse employer au travail de nuit des enfants âgés de moins de douze ans.

5. Les enfants âgés de moins de seize ans et les filles âgées de moins de vingt et un ans ne pourront être employés à aucun travail, par leurs patrons, les dimanches et fêtes reconnues par la loi, même pour rangement de l'atelier.

6. Néanmoins, dans les usines à feu continu, les enfants pourront être employés la nuit ou les dimanches et jours fériés aux travaux indispensables.

Les travaux tolérés et le temps pendant lequel ils devront être exécutés seront déterminés par des règlements d'administration publique.

Ces travaux ne seront, dans aucun cas, autorisés que pour des enfants âgés de douze ans au moins.

On devra en outre leur assurer le temps et la liberté nécessaires pour l'accomplissement des devoirs religieux.

SECTION III.

Travaux souterrains.

7. Aucun enfant ne peut être admis dans les travaux souterrains des mines, minières et carrières avant l'âge de douze ans révolus.

Les filles et femmes ne peuvent êtres admises dans ces travaux.

Les conditions spéciales du travail des enfants de douze à seize ans dans les galeries souterraines seront déterminées par des règlements d'administration publique.

SECTION IV.

Instruction primaire.

8. Nul enfant, ayant moins de douze ans révolus, ne

peut être employé par un patron qu'autant que ses parents ou tuteur justifient qu'il fréquente actuellement une école publique ou privée.

Tout enfant admis avant douze ans dans un atelier devra, jusqu'à cet âge, suivre les classes d'une école pendant le temps libre du travail.

Il devra recevoir l'instruction pendant deux heures au moins, si une école spéciale est attachée à l'établissement industriel.

La fréquentation de l'école sera constatée au moyen d'une feuille de présence dressée par l'instituteur et remise chaque semaine au patron.

9. Aucun enfant ne pourra, avant l'âge de quinze ans accomplis, être admis à travailler plus de six heures chaque jour, s'il ne justifie, par la production d'un certificat de l'instituteur ou de l'inspecteur primaire, visé par le maire, qu'il a acquis l'instruction primaire élémentaire.

Ce certificat sera délivré sur papier libre et gratuitement.

SECTION V.

Surveillance des enfants. — Police des ateliers.

10. Les maires sont tenus de délivrer aux père, mère ou tuteur un livret sur lequel sont portés les nom et prénoms de l'enfant, la date et le lieu de sa naissance, son domicile, le temps pendant lequel il a suivi l'école.

Les chefs d'industrie ou patrons inscriront sur le livret la date de l'entrée dans l'atelier ou établissement, et celle de la sortie.

Ils devront également tenir un registre sur lequel seront mentionnées toutes les indications insérées au présent article.

11. Les patrons ou chef d'industrie seront tenus de faire afficher dans chaque atelier les dispositions de la présente loi et les règlements d'administration publique relatifs à son exécution.

12. Des règlements d'administration publique déter-

mineront les différents genres de travaux présentant des causes de danger ou excédant leurs forces, qui seront interdits aux enfants dans les ateliers où ils seront admis.

13. Les enfants ne pourront être employés dans les fabriques et ateliers indiqués au tableau officiel des établissements insalubres ou dangereux, que sous les conditions spéciales déterminées par un règlement d'administration publique.

Cette interdiction sera généralement appliquée à toutes les opérations où l'ouvrier est exposé à des manipulations ou à des émanations préjudiciables à sa santé.

En attendant la publication de ce règlement, il est interdit d'employer les enfants âgés de moins de seize ans :

1º Dans les ateliers ou l'on manipule des matières explosibles et dans ceux où l'on fabrique des mélanges détonants, tels que poudre, fulminates, etc., où tous autres éclatant par le choc ou par le contact d'un corps enflammé ;

2º Dans les ateliers destinés à la préparation, à la distillation ou à la manipulation de substances corrosives, vénéneuses et de celles qni dégagent des gaz délétères ou explosibles.

La même interdiction s'applique aux travaux dangereux ou malsains, tels que :

L'aiguisage ou le polissage à sec des objets en métal et des verres ou cristaux ;

Le battage ou grattage à sec des plombs carbonatés, dans les fabriques de céruse ;

Le grattage à sec d'émaux à base d'oxide de plomb, dans les fabriques de verre dits *de mousseline ;*

L'étamage au mercure des glaces ;

La dorure au mercure.

14. Les ateliers doivent être tenus dans un état constant de propreté et convenablement ventilés.

Ils doivent présenter toutes les conditions de sécurité et de salubrité nécessaires à la santé des enfants.

Dans les usines à moteurs mécaniques, les roues, les courroies, les engrenages ou tout autre appareil, dans le cas où il aura été constaté qu'ils présentent une cause de danger, seront séparés des ouvriers de telle manière que l'approche n'en soit possible que pour les besoins du service.

Les puits, trappes et ouvertures de descente doivent être clôturés.

15. Les patrons ou chefs d'établissement doivent, en outre, veiller au maintien des bonnes mœurs et à l'observation de la décence publique dans leurs ateliers.

SECTION VI.

Inspection.

16. Pour assurer l'exécution de la présente loi, il sera nommé quinze inspecteurs divisionnaires. La nomination des inspecteurs sera faite par le Gouvernement, sur une liste de présentation dressée par la commission supérieure ci-dessous instituée, et portant trois candidats pour chaque emploi disponible.

Ces inspecteurs seront rétribués par l'État.

Chaque inspecteur divisionnaire résidera et exercera sa surveillance dans l'une des quinze circonscriptions territoriales déterminées par un règlement d'administration publique.

17. Seront admissibles aux fonctions d'inspecteur les candidats qui justifieront du titre d'ingénieur de l'État ou d'un diplôme d'ingénieur civil, ainsi que les élèves diplômés de l'école centrale des arts et manufactures et des écoles des mines.

Seront également admissibles ceux qui auront déjà rempli, pendant trois ans au moins, les fonctions d'inspecteur du travail des enfants ou qui justifieront avoir dirigé ou surveillé pendant cinq années des établissements industriels occupant cent ouvriers au moins.

18. Les inspecteurs ont entrée dans tous les établissements manufacturiers, ateliers et chantiers. Ils visi-

tent les enfants ; ils peuvent se faire représenter le registre prescrit par l'article 10, les livrets, les feuilles de présence aux écoles, les règlements intérieurs.

Les contraventions seront constatées par les procès-verbaux des inspecteurs, qui feront foi jusqu'à preuve contraire.

Lorsqu'il s'agira de travaux souterrains, les contraventions seront constatées concurremment par les inspecteurs ou par les gardes-mines.

Les procès-verbaux seront dressés en double exemplaire, dont l'un sera envoyé au préfet du département et l'autre déposé au parquet.

Toutefois, lorsque les inspecteurs auront reconnu qu'il existe, dans un établissement ou atelier, une cause de danger ou d'insalubrité, ils prendront l'avis de la commission locale ci-dessous instituée, sur l'état de danger ou d'insalubrité, et ils consigneront cet avis dans un procès-verbal.

Les dispositions ci-dessus ne dérogent point aux règles du droit commun quant à la constatation et à la poursuite des infractions commises à la présente loi.

19. Les inspecteurs devront, chaque année, adresser des rapports à la commission supérieure ci-dessous instituée.

SECTION VII.

Commissions locales.

20. Il sera institué dans chaque département des commissions locales dont les fonctions seront gratuites, chargée : 1° de veiller à l'exécution de la présente loi ; 2° de contrôler le service de l'inspection ; 3° d'adresser au préfet du département, sur l'état du service et l'exécution de la loi, des rapports qui seront transmis au ministre et communiqués à la commission supérieure.

A cet effet, les commissions locales visiteront les établissements industriels, ateliers et chantiers ; elles pourront se faire accompagner d'un médecin quand elles le jugeront convenable.

21. Le conseil général déterminera, dans chaque département, le nombre et la circonscription des commissions locales ; il devra en établir une au moins dans chaque arrondissement ; il en établira, en outre, dans les principaux centres industriels ou manufacturiers, là où il le jugera nécessaire.

Le conseil général pourra également nommer un inspecteur spécial rétribué par le département ; cet inspecteur devra toutefois agir sous la direction de l'inspecteur divisionnaire.

22. Les commissions locales seront composées de cinq membres au moins et de sept au plus, nommés par le préfet sur une liste de présentation arrêtée par le conseil général.

On devra faire entrer, autant que possible, dans chaque commission, un ingénieur de l'Etat ou un ingénieur civil, un inspecteur de l'instruction primaire et un ingénieur des mines dans les régions minières.

Les commissions sont renouvelées tous les cinq ans ; les membres sortants pourront être de nouveau appelés à en faire partie.

SECTION VIII.

Commission supérieure.

23. Une commission supérieure, composée de neuf membres dont les fonctions seront gratuites, est établie auprès du ministre du commerce ; cette commission est nommée par le Président de la République ; elle est chargée :

1º De veiller à l'application uniforme et vigilante de la présente loi ;

2º De donner son avis sur les règlements à faire et généralement sur les diverses questions intéressant les travailleurs protégés ;

3º Enfin d'arrêter les listes de présentation des candidats pour la nomination des inspecteurs divisionnaires.

24. Chaque année, le président de la commission supérieure adressera au Président de la République un rapport général sur les résultats de l'inspection et sur les faits relatifs à l'exécution de la présente loi.

Ce rapport devra être, dans le mois de son dépôt, publié au Journal officiel.

Le Gouvernement rendra compte chaque année à l'Assemblée nationale de l'exécution de la loi et de la publication des règlements d'administration publique destinés à la compléter.

SECTION IX.

Pénalités.

25. Les manufacturiers, directeurs ou gérants d'établissements industriels et les patrons qui auront contrevenu aux prescriptions de la présente loi et des règlements d'administration publique relatifs à son exécution seront poursuivis devant le tribunal correctionnel et punis d'une amende de seize à cinquante francs.

L'amende sera appliquée autant de fois qu'il y a eu de personnes employées dans des conditions contraires à la loi, sans que son chiffre total puisse excéder cinq cents francs.

Toutefois la peine ne sera pas applicable si les manufacturiers, directeurs ou gérants d'établissements industriels et les patrons établissent que l'infraction à la loi a été le résultat d'une erreur provenant de la production d'actes de naissance, livrets ou certificats contenant de fausses énonciations ou délivrés pour une autre personne.

Les dispositions des articles 12 et 13 de la loi du 22 juin 1854, sur les livrets d'ouvriers, seront, dans ce cas, applicables aux auteurs des falsifications.

Les chefs d'industrie sont civilement responsables des condamnations prononcées contre leurs directeurs ou gérants.

26. S'il y a récidive, les manufacturiers, directeurs

ou gérants d'établissements industriels et les patrons seront condamnés à une amende de cinquante à deux cents francs.

La totalité des amendes réunies ne pourra toutefois excéder mille francs.

Il y a récidive lorsque le contrevenant a été frappé, dans les douze mois qui ont précédé le fait qui est l'objet de la poursuite, d'un premier jugement pour infraction à la présente loi ou aux règlements d'administration publique relatifs à son exécution.

27. L'affichage du jugement pourra, suivant les circonstances et en cas de récidive seulement, être ordonné par le tribunal de police correctionnelle.

Le tribunal pourra également ordonner, dans le même cas, l'insertion de sa sentence, aux frais du contrevenant, dans un ou plusieurs journaux du département.

28. Seront punis d'une amende de seize à cent francs les propriétaires d'établissements industriels et les patrons qui auront mis obstacle à l'accomplissement des devoirs d'un inspecteur, des membres des commissions, ou des médecins, ingénieurs et experts délégués pour une visite ou une constatation.

29. L'article 463 du Code pénal est applicable aux condamnations prononcées en vertu de la présente loi.

Le montant des amendes résultant de ces condamnations sera versé au fonds de subvention affecté à l'enseignement primaire dans le budget de l'instruction publique.

SECTION X.

Dispositions spéciales.

30. Les articles 2, 3, 4 et 5 de la présente loi sont applicables aux enfants placés en apprentissage et employés à un travail industriel.

Les dispositions des articles 18 et 25 ci-dessus seront appliquées auxdits cas, en ce qu'elles modifient la juridiction et la quotité de l'amende indiquées au premier paragraphe de l'article 20 de la loi du 22 février 1851.

La dite loi continuera à recevoir son exécution dans ses autres prescriptions.

31. Par mesure transitoire, les dispositions édictées par la présente loi ne seront applicables qu'un an après sa promulgation.

Toutefois, à ladite époque, les enfants déjà admis légalement dans les ateliers continueront à y être employés aux conditions spécifiées dans l'article 3.

32. A l'expiration du délai sus-indiqué, toutes dispositions contraires à la présente loi seront et demeureront abrogées.

Délibéré en séances publiques, à Versailles, les 25 Novembre 1872, 10 Février 1873 et 19 Mai 1874.

Le Président,

Signé : L. BUFFET.

Les Secrétaires,

Signé : FÉLIX VOISIN, FRANCISQUE RIVE, LOUIS DE SÉGUR, E. DE CAZENOVE DE PRADINE.

Le Président de la République promulgue la présente loi.

Signé : M^{al} DE MAC-MAHON, DUC DE MAGENTA.

Le Ministre de l'agriculture et du commerce,

Signé : L. GRIVART.

DÉCRET DU 22 MAI 1875

Le Président de la République française,

Sur le rapport du ministre de l'agriculture et du commerce,

Vu les articles 4, 5 et 6 de la loi du 19 mai 1874,

Vu l'avis du Comité consultatif des arts et manufactures,

Vu l'avis de la Commission supérieure instituée par l'article 23 de la loi du 19 mai 1874;

Le Conseil d'Etat entendu,

Décrète :

Art. 1er. Les enfants du sexe masculin de douze à seize ans peuvent être employés la nuit dans les usines à feu continu dont la nomenclature suit :

Papeteries ;
Sucreries ;
Verreries ;
Usines métallurgiques.

Dans les papeteries, les enfants peuvent être employés à aider les surveillants des machines et appareils, ainsi qu'aux opérations qui ont pour objet de couper, trier, ranger, rouler et apprêter le papier.

Dans les sucreries, les enfants sont admis à coopérer aux travaux de râperie suivants : alimenter le lavoir, secouer les sacs de pulpe, porter les sacs vides, présenter les sacs et les claies. Ils peuvent être chargés de la manœuvre de robinets à jus et à eau et être appelés à aider les ouvriers d'état, en cas de réparations urgentes.

Dans les verreries, les enfants ne sont employés qu'aux travaux suivants : aider l'ouvrier qui moule et qui souffle le verre, porter les objets dans les fours à cuire, présenter les outils.

Dans les usines métallurgiques, les enfants peuvent être employés comme aides aux opérations des fours à puddler et à réchauffer, à celles des fours d'affinerie et des fours de réduction, aux travaux du laminage et du martelage, à la fabrication du fer-machine et des objets en fonte moulée de première fusion.

Art. 2. Lorsque les enfants sont employés toute la nuit, leur travail doit être coupé par des intervalles de repos représentant un temps total de repos au moins égal à deux heures.

La durée totale du travail, y compris le temps de

repos, ne peut d'ailleurs dépasser douze heures par vingt-quatre heures.

Les enfants ne peuvent être employés plus de six nuits par quinzaine, sauf dans les verreries où l'on travaille à la fonte.

Art. 3. Le travail est autorisé, aux conditions fixées par l'article 1er, le dimanche et les jours fériés dans les sucreries et les verreries, sauf de six heures du matin à midi.

Dans les papeteries et usines métallurgiques il est également autorisé, sauf de six heures du matin à six heures du soir.

Art. 4. L'ordre du travail du dimanche dans les usines dénommées à l'article 3 sera toujours distribué de manière à permettre l'application du paragraphe 4 de l'article 6 de la loi susvisée, et concernant l'accomplissement des devoirs religieux.

Art. 5. Les chefs des industries dénommées au présent règlement doivent afficher dans leurs ateliers un tableau de l'emploi du temps des enfants, faisant connaître les heures de reprise et le système d'alternance des équipes ainsi que les suspensions de travail.

Ce tableau de l'emploi du temps doit être revêtu de la signature de l'inspecteur institué par l'article 16 de la loi susvisée.

Art. 6. Le ministre de l'agriculture et du commerce est chargé de l'exécution du présent décret.

Fait à Versailles, le 22 mai 1875.

M^{al} DE MAC-MAHON, DUC DE MAGENTA.

Par le Président de la République :

Le Ministre de l'agriculture et du commerce,

C. DE MÉAUX.

St-Dié, Imp. L. Humbert.

Premier feuillet.

Deuxième feuillet.

Troisième feuillet.

9 782019 636821